JN411572

떨리면 그냥 떠세요

전 학 춘 시조시집

시와 사람

전학춘 시조시집

떨리면 그냥 떠세요

2022년 7월 10일 인쇄
2022년 7월 15일 발행

지은이 | 전 학 춘
펴낸이 | 강 경 호
인쇄·기획 | 도서출판 시와사람
등 록 | 1994년 6월 10일 제 05-01-0155호
주 소 | 광주시 동구 양림로119번길 21-1(학동)
전 화 | (062)224-5319
팩 스 | (062)225-5319
E-mail | jcapoet@hanmail.net

ISBN 978-89-5665-633-5 03810

값 10,000원

· 지은이와의 협의로 인지를 붙이지 않습니다.
· 이 책은 2022년도 광주문화재단 예술육성지원사업의 지원으로 제작되었습니다.

공급처 ■ 한국출판협동조합
경기도 파주시 탄현면 오금로 30
주문전화 (02)716-5616, 070-7119-1740

떨리면 그냥 떠세요

■ 시인의 말

"바다야! 창대한 너의 품,
예 없는 기웃거림을 용서해다오"

「남해의 금일도에서」 졸시의 종장 구절이다. 준비 없이 간 섬의 바다에서 해변바닷물 끊임없이 출렁이고 바위와 돌들이 부딪히며 즐기는 모습, 보기 좋은 경치였다. 바다와 손 한번 잡고 싶어 그대로 옆 다가가 손을 내밀었다. 움직이는 물 좀처럼 손 잡히지 않다 순간 파도로 구둣발을 확 덮쳐버렸다. 젖은 발 쳐다보다 옷도 벗지 않고 긴 소매로 내민 손, 예 없는 기웃거림에 바다가 섭섭했나보다…, 자책감 들었다. 용서해다오 소원했다.

제 5시조집 『떨리면 그냥 떠세요』 잘 보여지면 좋겠다.

2022년 칠월
전학춘

떨리면 그냥 떠세요/ 차례

■ 시인의 말

1 걸어가는 사람

2 청춘을 돌려다오

3 높다란 샛별처럼

4 정조대왕

1

걸어가는 사람

조팝나무의 봄

빈 남의 땅,
자리 잡아 흰 꽃들 피워내면

나비와 벌들 찾아와 한번 씩 몸 주고 가고

석양엔 땅 임자 찾아와
고웁다 사진 찍고 가네

봄꽃에게

상현 같은 봄꽃과 연애 한번 하고 싶다
깨어난 산천 앞 다퉈 계절을 만들고
새싹들 하늘 햇살 정표 받아
울긋불긋 터뜨린다

여수영취산 진달래꽃, 구례의 노란 산수유,
광양의 매화송이, 진해 만개한 벚꽃들,
풍성한 명소의 절정 보려 사람들 모여든다

저녁이면 마주보는 원색 화면을 향해
— 소문과 아름다움을 착각한 계절 짝사랑,
— 젊음들 한 시절 과소비야…,
제 혼자 일갈하던 나는

겉옷 꺼내 입고 창밖 뜨락을 찾아갔다
찬바람 속 고요히 송이 피어낸 하얀 목련,
고고한 체취에 입술 부비며
가슴의 사랑 건네주었다

걸어가는 사람*

-알베르토 자코메티 전에서

낯선 서초 땅을 걷고 걸어서 찾아갔다
살며 주변 외우며 살아가는 것 어렵다
오래된 '예술의전당', 처음 길 헤매었다

깜깜한 커튼 속을 조각 한 점 걸어간다
무엇을 찾으려 어딜 향해 가는 것일까
높은 키 앞으로 내민 몸 성급한 표정으로

오십칠 세에 스무 살 매춘부와의 만남
아침 같은 나의 여자 나의 모델 '까롤린'
그녀에 불통의 변고라도 불현듯 생긴 것일까

험준한 산맥 혹독한 겨울추위 속 개화한
향기 우월한 발칸장미, 작품용 채취하려
생경한 불가리아 나라 좇아가는 몸짓일까

'피카소' 영감, 작품염탐 기습방문 온 것일까
스무 해 위 의뭉한 눈에 혹여나 빼앗길까봐
분주한 공중의 발걸음, 캄캄한 밤의 글씨이다.

*키188센티의 자코메티의 석고로 된 조각작품.
(일본전은 청동이었다)

어느 프로골퍼

성글성글한 머리에 잔주름 널린 얼굴
펄쩍펄쩍 뛰며 몸 흔들며 사람들 껴안으며
삼수 끝 입시에 붙은
소녀처럼 땅을 구른다

입문 십팔 년 남의 잔치 들러리 헤매다
시합장 교통비 부족 지갑 들고 허덕이다
후배들 들어 올리는 트로피,
눈물짓던 세월들 딛고

칠십육 경기, 처음 우승이라는 그녀
현란한 에메랄드 빛 하늘 아래 눈물 쏟는데
뜨거운 숨결 찾아가
트로피 한번 닿고 싶다

가난해서 예술이다

겨울비 뿌리는 밤길 어깨 위 젖으며 간다
코트 깃 올려 얼굴 묻고 앞 뒤 주위 없이
호젓이 걸어가는 체취
걸음 살짝 흔들린다

한번 씩 음주 하며 가득 넘치는 만찬보다
단출한 메뉴 셋이 가벼운 혀에 더 닿음처럼
늦은 밤 작은 공간의 여유,
자존 적힌 자유이다

일곱 평 작업실 향하는 '알베르토 자코메티'*
높은 명성 물질 풍요를 비토하며 산 그를
사람들 천재가 아닌
순수예술가라 적는다

*자코메티 : 1901~1966. 스위스 태생의 조각가, 화가로 초기에는 초현실주의 작가로 활동하다가 미술사에서 분류할 수 없는 독특한 작가이다.

일출사진 한 장

잔잔히 출렁이는 어두컴컴한 바닷물 위
멀리 검은 산맥 봉우리들 발아래 딛고
붉은 빛 둥근 태양이
장엄히 떠오른다

회색 빛 구름들 병풍처럼 뒤 호위하고
붉고 노란 지평선이 천지를 떠받히는
침묵의 커다란 사진,
한 장이 나의 겨울이다

코로나 축출 염원하는 기도 속 둥근 태양
블록 회원들에 입춘대길 동봉 띄운다
임인 년 여명의 일출처럼
벗님들! 건강하소서…

그 사람

낮엔 뵈지 않고
컴컴한 밤에 찾아오는

눈을 뜨면 자취 없고 감으면 떠오르는

한세상 베갯머리 적시는
자취 떠난 그 사람

진도견

풀쩍풀쩍 뛰는 개,
주체 못하며 뛰는 하얀 개,
5년 만에 만나는 주인, 그렇게도 반가울까
묶여둔 목줄 사이로
어른 키만큼 뛴다

"새끼 분양받아 한 해 키우다 사정 생겨
고개 너머 친구에게 맡겨서 키웠습니다."
옛 주인 알아볼지 모르겠다
말하는 우직한 주인,

육 킬로 떨어진 거리
한 번도 찾지 않았는데
흐르는 세월 붙들어 성장하며 살았던지?
앞발로 집 앞 땅 긁어
오줌 떨구고 동행 한다

동물에게도 고향이 그토록 좋은 것일까
목줄 없이 주인과 푸른 산천 마실하며
큰 꼬리 휘젓는 폼새,
봄 햇살 화창하구나

블로그

이틀을 꼬박 걸려 완성한 품안의 글
다섯 수 연시조이니 조금은 긴 편이다
제목이 '할머니에게'
언뜻 쭈글쭈글 했을까

앞의 청년을 향한 졸시가 읽음 수북해
성장한 시골할머니 글 올리며 설마 했는데
이렇게 폭망일 줄은
예비 안 된 빗물이다

서울친구 권유로 개설한 일 년의 블로그
길고 골똘한 글줄엔 공감 댓글 인색하고
읽으며 머리, 눈, 함께 담는 시
푸른 하늘이다

MLB 야구

- 22년5월5일 경기에서

회색 유니폼 선수가 방망이를 휘두른 순간
3루의 푸른 선수 공 잡아 잽싸게 던진다
1루수 게레로 앉으며
원바운드 공 잡는다

오른 손 애드벌룬처럼 수 없이 공중 흔든다
제자리 일어서서 양손 높이 하늘을 향해
글러브 낀 채 모자 벗고
꾸벅 절 올린다

류현진, 2년 전 '토론토'로 옮겨온 이후
'뉴욕양키스'와 벌이는 동부리그 극 관심인데
오늘은 9회 말, 공격 아닌
수비끝내기 야구를 본다

2사 만루의 양키스, 신의 배신처럼 잡혀
12연승 실패, 2대 1 토론토 승이다
사람의 생업에 야구선수가
많이 선망스런 날이다

부익부빈익빈

- 지방 문학관에서

입구에 대형사진과 프로필 걸려있다
안으로 걸어가니 훤하고 커다란 사진
고명한 당대의 작가 몇 분
햇살처럼 서 있다

우측 분들 다 읽고서 유턴 맞은편을 본다
여긴 네모 칸칸에 더 많은 사진 박혀있는데
저쪽의 대형 전면사진 비교
너무 가난하다

일인의 면적, 어른과 갓난아이 크기다
사진 프로필엔 문학예술의 형제인데
작가의 부익부빈익빈
후예들 붙인 실존이다

4학년 1반 담임선생님

-너희들 새 학년 맡은 심길동 선생님이다
일 년 간 기분 좋게 잘 배우고 잘 지내자.
떨리는 우리들에게
웃으며 말씀하셨어요

가을 쯤 '자전거'라는 제목의 시, 써 오랬어요
다음 날 숙제 검사로 차근차근 호명하시어
낭송을 시키셨어요,
뒷줄서부터 쳐다보시며

세 번째 아이 '자전거야…' 큰소리로 읽는데
많이 잘 쓴 글이여요, 우리들 모두 박수 쳤어요
그 다음 전학춘 부르셨어요, 홍시 된 얼굴로

"선생님 저는 못 썼습니다" 열등감에 한 거짓말,
밤새 매달려 쓴 글 노트 속에 들어 있었어요
한 번 더 물으시다 끝내신
선생님의 눈 큰 표정

일 년 후 길에서 만나 반겨주시던 나의 선생님,

내성적 거짓 용서빌며 깊이깊이 감사했어요
육십 년 전 초등학교 기억,
지금도 한번 씩 눈물 떨궈요

안좌도 주민들의 승진

'안좌 우목리 발전의 일등공신 우리 군수님
평생 먹고살게 해주셔서 감사합니다'
태양광 발전소 기공식,
도로의 프랭카드다

통통배 타고 하루 걸려 건너던 섬들에
총 연장 10.8km의 1004대교를 건설
암태도 안좌도 등 일곱
섬들을 육지와 연결

전국을 고속도로처럼 일일생활권 만들었고
불철주야 낙후주민들 소득향상 구명하여
논으로 염전으로 작용하던
간척지 땅에 착안

각종 양식장 함께 태양광발전소로 개발
촌티 나던 섬 주민들에 고소득 안겨준다
인간은 도시도 섬도 바다도
돈이 좋다. 밑천의 정점이다

난 바다가 좋다

삼십대 때 친구 따라 사주보는 집 갔었다
"물[水]하고 잘 맞으니 바닷가 가서 살으시오"
지금도 좋고 늙어서 가도
심신장수 할 명운이요

우연히 제주도서 사업하며 장남 낳았고
늘 수평선 넘는 여객선, 체질처럼 좋았다
백두산, 배로왕복 단둥 경유
여행길 유쾌했었다

팔자순종 않아
생명 헤매고 헤맨 걸까?
칠십 즈음 만난 바다, 떠오른 그 도사예언,
어제의 친구동행 본 남해 섬,
푸른 산하 너무 그립다

떨리면 그냥 떠세요

"지나치게 긴장하시네요, 떨리면 그냥 떠세요"
뇌병변 장애 있어 수시로 손 떠는 몸,
"왜 떨어? 얘 추운가 봐", 친구의 말
듣기에 너무 슬펐었다

의사의 떨리면 떨라는 말, 하늘을 본다
떨지 않으려면 더 떨리던 몸, 자유 풀어
감추지 않으니 덜 떠는 손,
계절 찾은 봄이다

스마트폰

길게 뽑아 올린 성음,
손 안에 움켜쥔 주인

울리는 소리 그대로 핸드 팩 넣어 지퍼 잠근다

끄악 깍, 갇혀 내지르는
생명의 단말마 소리

후광어른을 생각한다
- 하의도 생가에서

두루뭉술한 코와 얼굴 웃음 머금은 둥근 표정
한 시간이라도 제자리 서서 큰 눈 마주하고 싶은
들리는 음성 없어도 깊숙이 울려오는 그 사람

낮 열두 시 하의도 도착 진한 역사체취 속
후광 1리 2리 팻말, 친근한 어구 읽으며
오늘의 어르신 생가 앞 떨리는 몸을 멈춘다

소박하고 엄숙히 가꾼 풍경들 관찰하다
얼른 동상 곁에 선다 '행동하는 양심' 글씨 위
비둘기 들고 서있는 거인, 조용히 주시한다

눈 차려 뜨고 사진들 물결 속 빠져 든다
이희호 여사와 두 분 촌스런 주택 결혼식,
59년 차용애 님 이별하고, 두 아들 함께
남산팔각정 올라 찍은 가난한 사진, 그 무렵
혼자 종로길 걷다 선뜻 재회한 이희호 님,
하늘이 맺혀준 인연 자서전 보며 감격했었다

〈김대중, 동경서 괴한들에 납치되다〉
유신시대 신문방송들 대서특필 나라 흔들고
온 국민 삼삼오오 모여 비통한 심정 토할 때
6일 째 새벽, 자택 나타나 몰려든 기자들 앞에
"배에서 두 손 묶여 수장되려다 살아왔습니다"
입술과 손목의 핏자국 들어보이던 모습 선하고

역대 대통령 최초로 북한 방문 김정일과의 만남,
노벨평화상 수상 장면, 사형선고 받은 사진 있고
부인과 아들 셋 면회 철창사이로 상봉하는 모습,

몇 천 장 될 것 같은 사진의 파노라마 속
후손에 남긴 호랑이가죽 같은 질긴 발자취 보며
작은 섬, 하늘 끝 날아오른 '앨버트로스'를 생각한다

아이엠에프 위기에도 일사불란 국민 다스려서
나라 남북에 햇볕 들게 통치하신 우리 대통령
찬란한 김대중, 그 이름 앞에 꾸벅 절을 올린다

남해의 금일도에서

시퍼렇게 바위사이로 출렁이는 바닷물들
바람처럼 한시도 가만히 서있지 않고
회색빛 크고 작은 돌들
몸 부딪고 납띠며 노네

나도 한번 끼어들어 같이하고 싶고
격조한 푸른 물하고 손 한번 잡고 싶어
옆으로 다가가 아부하며
긴팔을 뻗네

물하고 잘 맞는다는 옛 사주장이 말처럼
바다만 보면 살닿고 싶어 고요히 접하는데
바위 밑 움츠린 몸에
아우라 열리지 않네

긴 옷차림 그대로
내민 손바닥 섭했나보다
어퍼컷처럼
순간파도로 구두발목 덮쳐버리네.

바다야! 창대한 너의 품, 예 없는
기웃거림을 용서해다오

돌아오지 않는 오빠에게

- 세월호 8주기 기억식에 부쳐

누구와 일면식 없는 낯선 곳 혼자인 채
방파제 돌 위에 앉아 바다를 응시한다
단정한 교복 차려 입은 중학생 소녀,

"오빠 보고싶어 하루 종일 기다리는 거니?"
"예", 그 자리 살짝 입술 한번 움직인다.
"식사는?" 표정 그대로 고개를 외면한다.

태어나 처음 먼 길 바다여행 떠난 오빠
혼자 떨어져 한 달 넘게 오지 않는 오빠
가족들 숨 마르는데 오늘도 안오는 오빠

작년 봄 대부도* 가족 나들이 갔을 때
넘어져 옷 젖으니 윗옷 벗어 입혀주던
오빠야! 빨리 돌아와…
내 정이라도 빼어줄게

*대부도: 안산시 단원구 소재 조그만 바다 섬
*세월호사건(2014년 4월 16일) 한달 후 팽목항에서 봤던 소녀를 시화했습니다.

사람은 사람을 의심한다

— 두목님! 그 박 부장 어떻게 처우할까요?
— 네 맘대로 해, 네 옆엔 항상 내가 있잖아
김 부장, 유럽 땅 원정
박을 무기로 처단했다

곽 실장의 음흉한 최근 움직임 수상하다
— 두목님! 김 부장을 저리 놔두면 안 되겠는데요?
— 그런 건 네 맘대로 해, 네 옆엔 항상 내가 있잖아

토씨 하나까지 동일언어로 명하는 두목
감각 빠른 정보부 손에 도청이 되었다
김 부장, 두목과 곽의 궁궐을
권총으로 절단 내었다

연어의 귀소본능

바위 밑 쭈그려 앉아 구구셈 덧셈 숙제물들
난생 후 흰 물결 속에 두 달 매달려 풀었어
맑은 날 선배와 동료들 함께
큰 물살 원정 헤엄쳐갔어

5년 세월 짜디짠 바다
헤치며 산 방랑의 일생
배필과 함께 그리운 고향 산천 가고 싶어
무거운 아랫배 풀어
내 새끼들 보고 싶어

평생소원 귀향의 길, 폭포수가 앞을 막네
몸 걸어 뛰는 거야 물살 뚫고 몸 부딪쳐
생명의 혼을 바치는거야
내 본향 만나는 거야

2

청춘을 돌려다오

생명사랑

홍수에 흙탕물이 온통 마을을 뒤덮었다
어미 개 백 미터 강물 용감히 헤엄쳐간다
숲 속의 새끼 찾아 입에 물고
결단코 되돌아온다

도착 그대로 달리더니
부부와 새끼 셋 동행
다섯의 가족 한 팀 되어 삶터로 이동한다
생명들 헌신적 피붙이 사랑
시공을 초월 아름답다

어느 스포츠선수

전선줄에 일렬로 앉아있는 참새 떼들
유달리 길이 큰 새 한 마리 가운데 있고
좌우에 여남은 생들 앉아
조아리는 모습 귀엽다

옛날 그 선수 원 맨 팀에서 발전, 현재는
스파이크 팀워크 좋은 국가대표 팀이라는데
결승전, 복통에도 그 선수
진정제 먹고 출전한다

위 전선줄 큰새처럼 후배들 경기 잡아주고
힘들여 올림픽 출전권 따낸 선수들의 입,
"그 언니 있을 때 열심히 뛰어
메달 따고 싶어요!" 하늘이다

바다가 사막이다

파도치는 겨울바닷가 웅크린 괭이갈매기
가슴팍 안겨있는 새끼 둘을 바라본다
힘없이 쳐다보는 표정, 수심 가득 춥다

남해안 30% 동해안 50%가 사막화라는데
어족자원 고갈시키는 싹쓸이 바다어업들
생태계 파괴하는 소리 낙뢰처럼 울리고

범람하는 쓰레기와 플라스틱들의 재앙
페트병 비닐봉투 뚜껑빨대의 폐부스러기들
인간들 퍼붓는 만행, 해조류들 슬프다

'바다생물 파멸하는 환경오염을 차단하자'
몇 년 전 「앨버트로스에게」
졸시 쓰며 품은 약속
오늘의 바다 표어들 보며 양심이 불편하다

바다에 묻힌 아이 하나

파도에 쫓긴 모래 자락
엎드려 누운 아이 하나
어미와 함께 탈출하던 고무보트 뒤집혔다
어른의 여정 알지 못한 채
바다에 내준 네 삶의 꿈

널따란 지구 어디에도
찾아갈 곳 뵈지 않고
새끼 보듬을 쪼그만 손도 허여하지 않는데
하늘은 아침햇살에게 밤과
낮의 생, 공존을 시킨다

하이다이빙

"야! 높으다 50m는 되겠다" 혼자 감탄하니
"27m에요" 옆 좌석 젊은 여사가 가르쳐 준다
남자의 하이다이빙 규격
보드 높이가 그렇단다

스포츠 규정, 여에게서 신기한 듯 들으며
희귀해서 찬란한 높은 철물, 눈길 쏟는데
"여자는 20미터인 데요…"
예쁜 새댁 교육 잇는다

내 생애 처음이자 마지막의 참관일 거란
생각 엄습해온다, 3초의 경기 '하이다이빙'
고급의 철골 딛고 고공낙하,
너비 17-깊이 6m의 수조,

그런데 우리 조국은 왜 높은 곳을 싫어할까
오늘의 경기 공중 보며 국민들 함께 환호했더라면,
태극기 보지 못한 채 돌아오는 허전한 길

답 없어도 쉼 없는 시인친구 문자 덕택에

세계수영선수권대회* 결승 관람의 여름 오후
학생들 식당 찾아 덥밥도 먹고
소금의 한 시절 딛어 봤다

*2019년 8월 '광주세계수영선수권대회' 하이다이빙에서

천사같은 남의 딸

노란 생일엽서 펼치며
으스대는 친구,
동그란 인형그림에 동심의 깜찍한 글씨
'우리 집 희망이신 아빠
건강 위해 금연하세요!'

— 좋은 날 빗진 소주 한 번 갚고 싶네
치켜뜬 눈 붙들고 찾은 육해공 천막주점
"친구야, 핸드폰 그만 보게나"
기분 참으며 일어선다

아빠! 부르는 소리,
미안미안 친구 달린다
혼자서 터덜터덜 어둔 밤길 귀가 한다
이튿날, '건강 위해 금주하세요'
남의 딸 표어 낭송했다

초등생 장애아이

선천적 안구가 형성 안 된
딸아이

지팡이 짚고 학교 다니며
동생과 웃는 명랑한 아이

엄마야! 나도 더 크면
눈을 잘 볼 수 있을까?

청춘은 자유다

늦은 저녁 친구와 새로 생긴 커피숍에 갔다
하얀 벽에 큰 글씨 '청춘은 자유다!'라고 써있다
"카운터, 저 어구 무슨 뜻이오?"
물으니 침묵이다

— 꼰대 체취 벗어나 외출했으니 자유를 갖자
높고 난해한 초보 생에 외로운 젊은이들,
내밀한 심신 부추겨
과소비 충동한다

— 청춘은 자유다, 기분 껏 기분 풀으시라
구닥다리 작은 머리엔 선동표어로 읽히는데
찻집서 쫓겨나는 건 아닐까
고요히 문을 나온다

코로나19에게

어느 하늘서 인류 괴롭히는 기술을 연마했을까
전 세계 2억5000만명 감염에 사망자가
5백만, 비공식 수합하면
천만 명이라 하네

지난번 생을 끝낸 마포맥주집 여사장(57),
24년 경력 한때는 4개 사업장 번창했지만
코로나 널 만난 후엔
사업 마르고 길 떠나갔어

몇 단계 거리두기 아홉시 점포 문 닫기
폐업엔 시설 원상복구 계약기간 잔 월세 납금
사람이 이 삶터에 어떻게
숨을 쉴지 말해보게나

'앨버트로스'에게

큰 입 벌인 새끼에게 사랑 부어 넣어준다
트림처럼 목 높이 뽑아 게워낸 어미의 먹이
긴 부리 사이에서 나와
새끼 혀에 들어간다

바닷가 숲 거처에서 일부일처 부부 살며
한 해 하나 알을 낳아 지극정성 부화 해
평생에 사십여 새낄 기르는
분주하고 고단한 삶

그들 앨버트로스에게 밀려오는 푸른 색 재앙,
지옥처럼 미드웨이 섬을 덮쳐온 비극의 혼돈
바다에 의탁해 사는 생명
죄 없이 받는 천벌이다

페트병 뚜껑 빨대 비닐봉투 일회라이터
그런 폐 부스러기들 먹도록 유인 하는
인간들 퍼붓는 원죄,
생을 사지로 내모는데

성장해도 날지 못해 배 뒤뚱거리다 죽는
순진무구한 어미 새, 바다에서 사냥하여
새끼 들 먹여 기르는 그것이
독극물임을 알지 못한 채…,

5조 넘는 플라스틱 조각들 바다 떠돌고
북태평양, 한반도 땅 일곱 배의 쓰레기 섬 있고
인류가 벼락이라도 당해야
니들, 살 수 있겠구나

긴 작별한 친구에게

"---요, 누구신지 희선씨 전화 아니요?"
"맞습니다, 저는 아들이구요 어머니가
새벽에 별세하셨습니다."
"예?" 숨이 콱 막혀온다.

— 경황없어 이 번호 연락 못드려 죄송합니다
— 애도하오, 지금 전화하는 거기가 어디요?
— 예, 바로 핸드폰으로 찍어드리겠습니다

지난 10일 전화 통했으니 딱 일주일 전이다
"(모 잡지) 여름 호에 작품 보낼 수 있겠어요?"
오랜만 전화통화, 물어와
"그래요," 답 주었었다.

핸폰 〈부고, 어머님 폐암에 2년 투병하시다
금일 새벽 한 시에 주무시듯 별세하셨습니다.
고인의 유지 따라 부의금은
정중히 사양합니다〉 적혔다

작년 5월 한국예술인복지재단의 창작준비금

(삼백만 원)받고서, 병원 입퇴원 반복 느껴져
통장의 번호 물어 작은 우정
표한 것, 살짝 떠오른다.

2016년 4월, 벌써 오년 전의 일이다
모 대학 교수님과 셋 면담 주선, 상경했고
저녁에 레스토랑서 만나
좋은 만남하고 온 기억 있다

요전 전화, 처진 비음에 "왜 목소리 힘이 없어?"
"예 제가 지금 아프거든요" 자주 들었던 말,
더 이상 묻지 않고 끊었는데
서운 했겠다. 미안하다.

희선 시인님, 애도합니다. 부디부디 잘 가시오
하늘나라 편한 곳에서 아프지 말고 사시오
천진한 그 온정 간직하겠소
삼가 명복을 빕니다.

광장의 성좌들

초여름 갯벌에 앉아 널따란 하늘을 본다
잔잔한 물결 위로 총총한 별을 헨다
그 자리 품새 지키며
반짝반짝 빛나는

이리저리 바뀌지 않고 흔들리지 않고
혼자만의 분수처럼 사막의 와디처럼
입 닫고 가는 세월 속
잃지 않는 그 빛깔

몸 떠는 잎새 위로 커다란 그림자 보며
제 혼자 비상하다 흩어지는 생명에서
드넓은 광장 일궈 정립한
성좌들, 고명하구나

목포 하고도 옛날

육십년 대 고교생 시절 남쪽제주도 무전여행,
오후 다섯 시 하루 한번 출항하는 배를 타려
목포에 시꺼먼 구름처럼 젊은이들 모여 들었어

전날 저녁에 온 친구와 난 끼닐 해결하러
유달산 밑 큰 주택 찾아 초인종을 눌렀지
"고교생 무전여행아입니다 아침한번 주십시오"

잠시 후 출입문 열려 굽신 절하고 마루 앉았어
중년부부와 딸하고 셋, 우리 둘 따로 상 나왔고
후덕한 어르신들의 인심, 참 좋았었어

식후 딸이 우리 카메라로 몇 사진 찍었고
(대학)신입생 선배라며 살짝 눈 맞던 그 표정,
칠순 된 노년할미의 그 품새 한번 보고 싶다

무한의 다리*

약간 체면 있는 주차장에 차 받히고
1004 큰 입체글씨 옆 '無限의다리' 라 쓴
돌 간판, 페인트 칼라의
걸직한 다리 오르네

지난번 들른 아담한 퍼플교의 바다보다
한결 시퍼렇고 큰 교량을 몸 흔들며 건네
푸르른 나무들 섰는 '구리도',
직경 50m쯤의 섬 감상하다

구십도 왼쪽의 약간 큰 섬 향하여 가네
한번 씩 폰 찍지만 떨어뜨리면 바다행이네
'할미도', 무언의 무인 섬 다리 지키고 섰네

종점 와서도 풀리지 않는 의문, '무한의 다리'?
섬과 섬의 다리를 잇는 연속성과 바다로 향한
신안의 발전을 희망하는 의지,
세계적 건축가 작명이라 하네

*신안군 자은도에 2019년 개통된 폭2m길이1004m 다리

청춘을 돌려다오

오십대 다섯 명 한팀, 트로트열창 토한다

"청춘을 돌려다오,
청춘아 너 어딜갔느냐?"

머리 위 하얀 구름 몇 점
하늘 떠있는 것 보인다

여대생들 해외봉사

어느 여대생들의 해외 봉사 글, 감격 되네
인천서 비행 기차 버스 20시간 달려 닿은 곳
인도의 소외되고 낙후된 주
찬드라반 50가구 마을

스치면 인연 스며들면 사랑, 학회 지향 따라
불가촉천민 취급의 낙후 여성들에 몸 껴안고
병으로 인식하는 환경, 새로운 문명 입히며

면 생리대, 일회용 아닌 실용제품을 제작
깜깜히 검은 얼굴들 하늘 우러러 걷도록
그 지혜 수업 전수 후 재료 베풀고 왔다하네

어릴 적 촌녀들 고개 숙여 유전하며
한번 씩 눈에 밟히던 울 엄니의 속곳
피 묻은 삼베생리대…,
먼 기억 건너서 가네

씩씩한 황구

쓰레기야적장 비닐봉투 속 갇혀 신음하며
풍전등화처럼 흔들리는 실낱의 생명을
모자 쓴 새벽아저씨가 입 닫고 구해주었소

철사 줄로 네다리 칭칭 발목 묶여 누운 채
드러난 뼈 응급처치 해 사진 촬영 열중하던 날
태블릿 바쁘시던 어른, 날 비행기에 타라 했소

밤새 날아 부딪힌 곳, 조우한 키 큰 사람들
병원 데려가 다리 절단 의족으로 끼워줬소
씩씩한 재활 매진하여 땅 딛고 뜀뛰기도 하오

타향의 나라 약속 없이 만난 삶, 난 행복하오
오늘은 다리 장애인들 앞에서 〈Never give up〉
"여러분 절대 포기하지 마시오"
당돌히 웅변도 했소

아버지와 딸

딸에게 가야한다는 생각밖에 없었어요

지난달 러시아의 침공 우려가 커지자 '허버드'는 우크라이나 키이우(키예프) 무용대학에 재학중인 19세 딸 에이슬린과 생후 8개월 손자 세라핌을 데려오고자 했다. 그러나 행정적 문제에 봉착했다. 지난해 코로나19가 기승을 부려 에이슬린이 가정분만을 하면서 세라핌이 여권, 출생증명의 서류를 제때 발급받지 못했기 때문이다. 이에 허버드는 직접 우크라이나에 건너가, 친자확인검사를 통해 세라핌의 신분확인절차를 밟으려했으나 무산됐다 미국 매사추세츠 주 피츠버그 거주지에 돌아와 이 문제를 해결하려 고군분투했으나 미해결 상태에서 전쟁이 발발했다. 차량 없어 자력으로 대피할 수 없는 딸을 데려올 방안 고민하던 허버드는 자신이 또 우크라이나에 가는 방법밖에 없다는 결론이 들었다. 그러나 항공편은 이미 막힌 상태였고 홀로 몰입하다 월초 비행기를 타고 터키이스탄불을 거쳐 폴란드 바르샤바남부에 도착했다. 도보로 국경을넘고 차에 편승 타르비우까지 이동했다.

열차를 타고 키이우에 들어간 그는 드디어 딸과 재회하였다. 천신만고 끝 도착한 그는 딸과 손자를 안고 피란길에 올랐다. 수천 명 피란민행렬에 섞여 이동한 그는 11일 아침 무사히 우크라이나—슬로바키아 국경에 도달할 수있었다. 사람들과 눈길 섞으며 큰 숨 몰아쉬었다. 그가 가족 구하기 위해 이동한 거리는 약 1만km에 달했다.

허버드, 아버지로서 할 일 했지요…. 말한다

*본 글은 3월15일 국민일보의 기사를 발췌했다.

호스피스병동 친구에게

통증 많으시고 자가 호흡도 힘드십니다
위독하고 호스피스 병동으로 옮기셨답니다
폐암에 대학병원 입원한 친구의 전언이다

육년 전 타 교회 장로 봉직타 전입 했는데
찬양대서 만나 수시로 우정 들여 친교 했고
겸손히 안겨오는 만남, 계절처럼 반가웠었다

— 사모님, 이 장로님 얼굴 한번 보게 해주세요
그제(24일)도 제 블록 답 있었는데 더 하신가요?
가능한 날짜 시간 알려주면
맞춰 찾아 가겠습니다

— 집사님 죄송합니다. 지금 힘들어져 안 됩니다.
숨 막히는 인간진실이 온몸으로 엄습해왔다.
친구가 작별도 없이 내게서
떠나지 않길…, 기도한다

3

높다란 샛별처럼

높다란 샛별처럼

- 손녀 채은에게

하얀 보자기 속 눈 감은 채 사숙하는 생명
혹여 실눈이라도 뜰까, 작은 울음 터뜨리실까
유리 안 신비를 향해
마른 침묵을 퍼부었다

어둔 창밖 늦가을열차 기다린 순간들 지나
아침처럼 다가온 얼굴 입김이라도 섞으며
어미의 탯줄 박차고 나온 무용담 듣고 싶다

항상 지각 발걸음 딛어 쌓아온 삶의 경주
출연 놓칠 뻔하다 만난 곡마단 곡예사처럼
낮과 밤 똘똘 정으로 엮어
샛별처럼 하늘 밝혀다오…,

넌 너무 겁이 많아

긴 허구보다 짧은 게 좋아
죽음 종말도 괜찮아
부자가 죄 벗고서 피는
꽃의 아름다움도 있어
밑바닥 '퐁네프의 연인들'
솔직하고 아름답잖아

'미셸'이 한쪽 눈 불구가 아니었다면
'알렉스'가 가난한 노숙청년이 아니었다면
그토록 허기진 사랑, 만날 수 있었을까

절뚝거리며 외투도 없이 맨몸인 사내가
먼 꿈과 사랑, 안 보이는 눈,
흔들리는 여인에게
던진 말 "넌 너무 겁이 많아"
용기와 사랑 멋지다

빨간 단풍

파카점퍼 아님 고개 못 들던 어느 시절처럼
빨간 단풍 배경 사진 한 장 쯤 찍어야
늦가을 살아 숨 쉰 듯
자위 될 것 같았다

유난히도 가을찬가 음성들 울려 퍼진 날
친구 함께 준비도 없이 관광버스에 올랐다
산천 앞 도로 가에 서서
미소하는 키 큰 나무들

사막의 낙타들 숨 몰아쉬며 물 희구하듯
아름다운 자연 속 계절 지켜 서있는
빨간 색 울창한 나무 보듬고
촬영 폰 눌러대었다

가요열창대회

기타 치는 남편 앞에 일곱 살 쌍둥이 안고
미소 띄우는 여자, 착하고 몸 낮춘 표정
6년을 남편 병간호로 사는
12년차 주부이다

"병마와 싸우고 있는 남편에게 용기를 주고
나의 씩씩한 모습 보이기 위해 출전했습니다"
N방송 '주부가요열창'에서
만나는 한 얼굴이다

가정과 아이들 부양, 벼랑 끝 사는 아내에게
화려한 외출, 도전하는 용기를 주고 싶었다는
말기암 장수술 남편의
불끈 쥔 주먹과 격려

'미소 띄우며 나를 보낸 그 모습처럼'
열창하는
몸짓 속에 겨울 돌담에 핀 하얀 장미 보인다
임이여! 천사 같은 그녀
하늘을 지켜주소서

다도해 바위섬들

그들은 왜 빛 없는 어둠에 묻혀 살까

그들은 왜 험난한 파도에 벙어리로 살까

하늘은 왜 그 섬들, 낳고서

물에 버렸을까

가을 파도

소녀는 수평선과
바다를 담고 싶었다

일 년을 벼른 데생화폭(畵幅)
새벽 갯벌에 가을을 걸었다

갑자기 파도가 붓을 덮친다
영혼 거둬가는 검정 바다

그녀의 첫사랑

어느 저녁 얼굴 부푼 표정을 하고 찾아왔다
늠름하고 곳곳하게 공부 매달던 순백의 학생
갑자기 본국 호출 떨어져 떠나게 됐다 말한다

아시아의 북조선이란 작은 나라, 국비장학생
삼년의 기간 영혼 걸어 사랑한 그 사람
한줌의 질긴 약속도 없이 별리의 길 떠나갔다

국립 바르샤바대학 입학 첫해 명문 공대와
의대생으로 만나, 동문 '쇼팽'과 '콘스탄티아'처럼
가을 날 피아노 협주 들으며 숨 멎는 꿈 엮었는데

십년 발품 끝 띄운 편지, 계절 넘어 답장이 왔다
"기실 결혼했으니 좋은 연 만나 잘 살으시오."
억장이 무너져도 그 남자 하늘 있음에 감사했다

필수 의약품들 정성껏 담아 부쳐줬다.
그 사람 아끼던 새들 기르며 홀로 그리워하며
여인*은 하얀 가을 건너는 생,
숨 열어 살아갈 것이다

*북한 유학생을 사랑했던 폴란드 여의사

뮤지컬

두 젊은이 얼굴 맞보며
격렬한 대사 퍼붓는다
눈빛으로 목소리로 불 뿜는 캐릭터들
테레비 화면 처음 보는
'뮤지컬 캐스팅'이다

땀 흘려 토한 뮤직
'너무 가수다' 며 떨어지고
외국 곡, 밤 새워 손수
번역한 대본 외워 부르고
혼신의 연기 합격에
무릎 꿇어 절하는 젊음

외나무다리서 만난
철천지원수 숙명 같은
레미제라블, 장발장과 자베르경찰의 결투
피 말린 경쟁의 캐스팅,
역시 장발장이었다.

공항에서 버려진

개야, 두 살 된 개야, 일어나 밥을 먹거라
넌 몸종처럼 식음 끊으며 기다리는데
네 주인 오지 않으니 보는 심정 아프구나

밤이면 음지에 쭈그려 앉아 우울증 앓다
해 뜨면 머슴걸음 공항 곳곳 내음 맡으며
몸 사려 찾는 너의 행색 가히 설움이구나

지금 쯤 그 주인
먼 나라 시간 좇으며
욕망과 자유 걸린 공간들 섭렵할거다
애완견, 네 팔자 하늘 물어
생명의 길 찾아가거라

이만 원

- 세월호 유류품에서

친구들과 눈 부딪는 순간 설레이기도 하며
귀하디귀한 바닷물에 숨 적시기도 하며
컴컴한 하늘 쳐다보다 안주머니 손닿기도 하며

안개들 많아 지체한 밤 아홉 시, 배 출항하고
학생들 끼리끼리 빵 음료 파티하는데
혼자서 난간에 나가 파도만 바라봤었니?

자정 넘어 떠들썩하던 분위기 잦아들고
침상에 눕기도 하며 열 올려 밤새도록
얘기꽃 두런두런 피울 때 너도 같이 했겠지?

희미한 새벽 눈 안 떠지는 몸들, 배 요동치고
혼란 틈새에 어미 찾아 폰 뚜드린 내 딸아
물속에 끊긴 네 음성, 네 모습,
마지막이 너무 슬프드라

숙아! 사년세월 넘겨서 받은 너의 옷가지,
너무 적어 눈물 짜며 네 손바닥에 쥐어준

이만 원, 윗옷 안주머니에 그대로 있구나

그 앞에 치솟은 눈물 오늘껏 마르질 않네
처음의 바다여행, 가난한 어미 미워하며
제주도 가서 써야지…,
마른 침만 삼켰었니?

어느 정객*의 최후

"저는 갑니다만 우리 진보당 사랑해주십시오"
62세 인생, 모친아파트 18층투신 마감,
한 많은 어느 정객 향하여 몇 글 적어본다

스산한 날 이분을 TV에서 보았는데
소속 당 여(女) 대표 찾아와 면전에 대고
돈 봉투 안 받으셨지요?
숨 가르는 질문이었다

"예, 안 받았어요." 단답에 만세 부르듯
환히 얼굴 펴며 뒤돌아서던 여의 얼굴
인간의 곤혹, 염두에 박힌 못 잊힌 장면이다

난 고인이, 아니라는 옹색한 음성 토하며
순간, 운명적 결심 했었다고 추정한다
국민들 폭동 앞에서 꾸며댈
정치가 그에겐 없었다

귀국 전날 노동운동에 용접공 면허 딴 일
옛날얘기 했고 3일간 18개 공식일정 바빠

시대적 의혹 관련 대화, 없었다 말하는 일행들

미국 출장 행사들 끝내고 맞은 최후의 밤
-18대 낙선, 여류 아나운서에 진 인간의 빚,
-며칠 전 당대표에 한 거짓말,
홀로 얼마나 고통 했을까

"평생 정의를 부르짖으며 사신 분이니 무언가
압박과 고민, 굉장히 있지 않았을까 싶어요."
같이 간 동료의 증언, 극한적
인간의 짐을 생각한다.

— 2016년 3월 '경공모'에서 합 4천만원 받았다
참으로 어리석은, 부끄러운 선택, 책임져야한다
잘못이 법정형 당 징계로 부족하다
국민여러분! 죄송합니다.

*고 '노회찬' 의원. 끝 연은 그의 유서이다

나의 할머니에게

알콜 중독 아버지와 어머니의 이혼에
나와 언니 남동생 세 자매 찾아간 곳
산더미 짐 만난 듯 놀라는
육십 대 할머니 얼굴

시골 밭 감자 고구마 각종 채소들 농사 업,
날 새면 밭으로 가는
혼신 닳는 할머니 있어
피붙이 끼니 잇고 살아가는
다른 욕구는 외면한 삶

열일곱 살 때 할미가 물었다
“나랑 시장에 가볼래?”
이십 년 다니신 시장, 다섯 개의 보따리 짐
“버스가 여러분의 화물차요?”
기사님께 연신 절 한다

시장바닥은 꽉 찼다. 비집고 엉덩이 붙인다
어려운 장사, 할미 물건 좀처럼 팔리지 않고
점심때 오천 원짜리 주며

"자장면 사먹고 와라"신다

잠결에 시장 할미의
"채소 사세요!" 외치는 음성,
태풍들 맞서 홀로 싸우며
아들과 셋 손주 부양
생명들 키워내신 우리할머니,
힘 바쳐 모시고 싶다

나의 교회친구에게

— 내 이름을 경외하는 너에게 공의로운
해가 떠올라 치료하는 광선을 비추리니
너희가 일어나 외양간에서
나온 송아지 같이 뛰리라.

근래 교회 다니며 심신 모두는 내가
친구에게 어떤 것으로 보탬 할 수 있을까,
낮과 밤 수학문제처럼 내 머릴 부딪곤 해

연령 나보다 10년대 젊은 친구가 지금
하늘의 천둥 같은 생벼락을 맞고 있어
육십의 동년 부인이
큰 병고에 붙들린 거야

"친구야! 마음 생색 위로라도 전하고 싶어"
심야처럼 억눌린 마른 얼굴, 날 스치고 가
출발선 넘은 마라톤에서
햇살처럼 완주 기도할게

그런데 문득 참 엄중한 진실이 울려오네

인간의 생, 상하귀천은 기실 내 품 책임인데
고유한 나의 수명은 절대
하나님의 영역이란 것…,

오늘 교회 분께 전화 드려 수렴 했어
병환에 있는 벗에게 격려의 성경문자를,
위 1연, 말라기 4장 2절
여호와말씀, 힘껏 위워보오

빨간 주식글씨

핸드폰 화면 여는데 울컥 감정 생기네
열 동료 중 제 홀로 붙들고 섰는 빨간 글씨,
매입 후 삼일을 남색만 보여 실망 들었는데

원로신세, 안 서랍의 통장 숫자 축내며
멀쩡한 손발 휴가에 채우는 본능 독방가둔 생,
동냥 품 면하고 싶어 큰맘 먹고 뛰어들었지

세계 1위 미래먹거리, 홍보에 반해 선했는데
뺄셈의 어제, 금융친구 전화하니 주식 뽑으며
육 개월 목표했으면 심신 껏 밀고가라 이르네

나침반

호주머니 든 소액 한 장, 마른 목 풀고 싶었다
땅 점령한 옷집들 사이 젊음의 카페 박혀있고
갈급의 눈 방황해도
음료맹물은 없었다

골목길 빠져나오니 '300원' 숫자 보인다
멈춘 시선에 '커피', 쬐그만 자판 붙여 써있다
컴컴한 틈새 안에 물으니
"동전 넣으면 나와요"다

사는 비유 많다 해도 이 북새통 도시에서
셋 동전으로 다숩은 차 목 깊이 넣어 마셨다
아직은 제 임무 수행하는 눈,
품안의 나침반일세

모정의 삼십 년 상속

후다닥 도우미가 구해온 노란 노끈
떨어진 신발창을 묶고 일어서는데 또
단속곳 발등 흘러내려
옷핀에 걸고서 걷네

혼인 시작 신부 측 촛불, 허둥지둥 켜네
접착 마르고 고무줄 삭고, 유구한 세월은
딸에게 유전하고 싶은 모정,
그 소원을 훼방하네

이웃산천 정말로 세 번 변했는지 알 수 없지만
하얀 고무신과 치마 속바지, 삼십 년 세월
"결혼 날 착복했던 그대로
농 속 접어 보관했어요."

만추

거리 곳곳에서 나무들 몸 흔들었어요
연약한 은행잎들 길바닥 뒹굴며
사람이 그리 반가운 듯
발굽에 안겨왔어요

온 산야 붉게 푸르게 물들인 경치 향해
추수 거둔 사람들 사랑가 불렀는데요
계절은 목 머플러 둘러주며
말없이 되돌아가네요

세월호라는 이름의 생명

바다에서 막 끌어올린 커다란 범고래처럼
몸 어디가 무너졌는지 옆으로만 누워있다
팔팔한 물 속 먹이들 너무 포식했나보다

복부 불편을 언어로 터뜨리지 못하는 생명
너무 알알이 박혀 문 열리지 않으니
사람들 속 해부하려 나이프라인 끌어온다

오늘도 네 안에서 비밀 해후를 고대 한다
목마름 앞 떠난 역사인 양 침묵하지만 말고
맺힌 한 데불고 귀향하는 영혼들 살펴다오

엊그제 넘버원께서 특별검사 임명하시드라
이 변호사에게 임명장 주며 '세월호 참사는
당사자와 유가족뿐 아니라 우리국가사회에
큰 상처와 한을 남긴 사건으로, 7년이 지난
오늘까지 의혹 남아있는 것은 안타까운 일'
입니다. 막중한 책임감 가지고 수사하여
진실을 밝혀주세요, 특검에 당부하시드라.

(사고원인구조과정잘못 같은 빛 닮은것 말고
CCTV데이터조작 해군해경의 DVR(영상녹화
장치)수사과정 의혹 DVR관련청와대정부대응
적정성 등 수사하려 처음의 특검 하는 것이다)

지난 4월 16일 7주년, 너의 큰 배를 향해
생색없는 얼굴 어깨 기대어 눈물 삼키는
몇 백 명 가족들 화면 보며 팽목항 방문
슬픔 흘렸던 기억, 목포부두 찾아가 해변
인양해 놓은 네 풍채 보며 철사줄 울타리에
노란리본 꽂아주고 내 앞 옷자락에도 꽂고
돌아온 기억 새롭더라. 부디 금번 특검수사
숨죽여 지켜보고 싶다.

어느 여 탁구선수*

내가 이 선수를 직접 본 것은 34년 전이다

사업차 상경했는데 마침 88서울올림픽 때였다. 탁구 여자복식 결승열리는 서울대체육관엘 갔다 (거래처직원의 호의로 과분한 대접을 받았었다) 세계적 탁구강국 중국(그때는 중공)과 맞붙는 결승전이었다. 탁구가 정식종목으로 채택된 첫올림픽이자 우리조국에서 열리는 인기 경기이다 보니 당시 김대중 김영삼 사모님 등 유명인사들로 경기장이 꽉차있었다. 이리저리 눈요기하며 2층 입석에서 역사적 관람을 할수 있었다. 중국 자오즈민 선수의 6m공중공 낙하서브도 구경하고, 양영자의 어린선수 리드하며 둘의 강하고 재치있는 경기력으로 강력한 중국을 2대1로 승리하여 금메달을 따오는걸 보았었다. 세계 최고최대의 탁구강국을 우리 조국이 무너뜨리니 풀쩍풀쩍 뛰고 눈물 흘리며 환호했다. 이 선수 19세때였다.

그런데 이 올선수를 또 보게 되었다. 금 2월 5일 경기를 했다는데 12일 tv화면에서 보게 되었다.

반가웠는데 은퇴27년만에 컴백하여 53세 감독으로 팀의 제자 35세의 현역 국가대표와 한판 대결을 벌인다고한다. 60일동안 체력단련과 탁구 연습을 하여 168cm에 43kg체력으로 라켓을 잡고 절대 이겨야하는 일생 승부를 갖는것이다. 마른몸매에 단출한 셔츠의 선수가 1셋트 라켓을 휘둘렀다. 먼저 한점을 따 1:0으로 시작되고 "송곳스매싱, 66번의 랠리가 이어집니다"등 해설자의 멘트가 이어진다. 나도 화면 보며 열심히 노트에 기록을 했다. 1세트내내 올드선수가 리드하고 4:4, 8:8 두 번만 동점을 허용하고 11: 8로 승리한다. 레전드가 이겨야 탁구유망주들에게 장학금이 전달된다며 2명의소년이 경기장 입장 응원하고, 80대의 어머니와 딸이 참관한 모습도 보인다. 드디어 2세트 시작되고 2:0에서 5:6으로 수비형 공격수에 경기처음의 리드를 허용했는데 바로 6:6 7:7 하다 막판스매싱 11:7로 끝내고나니 게임스코어 2:0, 올선수의 승리로 대망의경기가 끝을 맺는다. 경기 금메달 75개를 따며 국가대표만 고교1년 17세부터 26세 10년경력 은퇴 후 27년

만에 선수로복귀, 세계랭킹 8위의국가대표 15년
제자 서효원(35세)에 2:0압승을 한것이다. 최선
을 다해 이길 것이라던 서선수, "우리 감독님은
인간이 아니에요" 한마디 토한다.

가냘픈 작은 몸 어디에 그 초인의 힘 묻혔을까

*현정화 선수

4

정조대왕

거북의 여행

삼년 생 거북이의 섬찟한 기적을 보네
작년 9월 제주도 중문 바다에서 방류했는데
금 2월 베트남서 발견
수획했다 하네

문중의 본향 찾아 3847km를 행보한 거북
뭍에선 개미보다 느린 걸음 웃음 받았지만
바닷물 수심엔 지 세상 만나
다리날개로 날은 거야

납작 땅 엎드려 흔들흔들 걷는 폼새
정 한번 붙일 일없는 얼굴 없는 얼굴로
머나먼 조상들 생터 찾아간
거북, 등 한번 닿고 싶다

첫눈이 온다는데

강원도 경기도엔 폭설주의보 내렸다하고
충청도는 첫눈이 6센티미터 온다는데
우리네 남녘에선 눈 대신
누런 먼지만 흩날리네

삼천궁녀 넋들을 낙화암 강에 떠내려 보낸
부여 땅에도 밀리는 첫눈, 낙후감 치밀어오고
년 초의 비 맞으며 썼던 시(詩)
'그리운 눈' 겹쳐오네

거년 2월 첫눈에 무등산 올라 절 올렸고
금 겨울엔 센티멘탈처럼 하늘 보며 외우는데
"화이트 크리스마스"는
언제적 불렀던 이름일까

신안의 퍼플 섬

눈 나린 이튿날 신안 남해의 섬을 가네
내일 남쪽의 섬 출장 동행친구 전갈에
신년의 처음 바다 여행
밤잠을 설친 아침이네

서남 해안의 고공 심장인 천사대교를 지나
두 개의 작은 다릴 구색 맞춤처럼 지나
오늘의 알파플러스
안좌도라 하네

먼 바닷길 여객선 없고 항구 없이 건너는 섬
부대낌 없는 아쉬움 차창에 대고 투덜대며
통통배 타고 건너던 섬들에
교량 세운 문명을 미워하네

— 눈 쌓인 길, 사람 없고 개 발자국만 보입디다.
밭두렁들 거리 재며 서류 모으던 친구 돌아와
순백의 촌락에 한마디 찍고
오늘의 백미 찾아가네

모든 건축들 지붕과 벽이 보라색인 퍼플 섬
고향처럼 외로운 삼백 미터 앞 박지 섬,
눈얼음 깔린 보라색 다리
몸 흔들리며 건네

살면서 처음 접하는 낯선 퍼플의 신비 속
하늘 만난 듯 마음 열어 작은 몸 추스르며
고고한 모세의 구약처럼
바다 위 걷는 희열이었소

미혼모의 모성

아기 낳으면 발로 밟아
길에 던져 버릴 거야…,
만삭의 딸 향해 퍼붓는 엄마의 고함소리
열아홉 물정 없는 아랫배
제 혼자 꾸물대는데

죄 없는 내 새끼
나 아니면 누가 지키랴
그동안 모은 기저귀와 분유들 챙겨들고
캄캄한 늦은 밤길을
혼자서 걷고 걸었다

낯선 의탁소 찾아
무거운 몸을 부렸다
추운 새벽 엄마 같은 원장 함께 딸 분만했다
"월세 방, 위해 한 부모지원비
 꼬박 적금 붓고 있어요"

까치설날

설날 아침 긴 상 앞에 어르신들 먼저 앉구요
오빠와 나 그리고 사촌동생들 함께 앉아
즐겁게 얘기하며 맛있도록
차린 음식 먹었어요

훤한 방석에 앉으신 할아버지 할머니께
아빠엄마 작은아빠 내외분 우리 꼬마들
모두가 고개 엎드려
큰절을 드렸어요

할아버지, 큰 봉투 여시더니 중학생 되는
오빠는 금빛노란색 주시고 나에게는
푸른 색 2장이었어요,
빨리 두 살 더 먹고 싶었어요

겨울바다

아무도 간섭 않고
섞이지 않은 하얀 바다

서있는 수평선도 영하기온 어려운 듯

하루의 삶 채울 몸짓 없는
텅 빈 자유의 표정

시낭송 듣는 새벽

안방마님, 월 지난 부부게임
독촉장인 듯

첫새벽 에메랄드 빛 햇살인 양 찾아와

머리말 몸 두드리는 시 낭송
깨소금 볶는 시어들

겨울이라는 계절

'하얀 눈 없는 겨울, 얼음이 귀한 겨울'
티비의 경치화면 앞 내가 새긴 글줄이요.
일월을 보내는 즈음에
검은 색 무거움이요

우리 남쪽 산천은 하얀 색을 본적 없어
강원도 삼십 센티 무릎 빠지는 폭설 보며
비 젖은 고등학생들 눈 해찰하다 넋을 잃고

큰 키 점퍼 위로 떨어지는 눈송이 보며
겨울비 아래 외로운 우리들 우산 너머의
침묵의 하늘 우러르며
북녘 땅을 동경하오

낯선 여행

날 데리고 몰디브 낯선 나라 여행을 하고
블라디보스톡 둘째아들 집에도 다녀왔어
은행의 연금통장도
같이 가서 정리하고

법무사무실 찾아 아파트, 내 앞 이전하고
선산에 해둔 가묘, 납골묘 이장 설명했어
뭘 그런 해괴한 얘기하세요?
입내밀어 대들었어

느낌 하도 이상해 막둥이 연락 집에 왔어
종합병원 진찰하니 폐암이 전신 퍼졌대…
당신은 종말 삼키며
나름 준비를 했든 거야.

"영감 보내고 우울증 생겨
밭일 품 팔러 다녀"
요전 집 오니 화장실 불 켜 있어 깜짝 놀라
순간적 문을 열었어
영감이 왔나, 기겁했어

근하 형에게

— 예수께서 이르시되 나는 부활이요 생명이니
나를 믿는 자는 죽어도 살겠고 무릇
살아서 나를 믿는 자는 영원히 죽지 아니하리니…

근하 형, 침샘에서 폐로 전이 되었대서
수술 안 해? 물으니 한참을 침묵하다
하나님 하라시는대로 맡기고 살래요. 했어

나는 예수님 영접 15년, 미숙한 새내기지만
형은 유아세례 칠십 년, 장로님이잖아
깊숙이 스며오는 찬바람 섬찟하고 엄숙 했어

핼쓱한 뒷모습에 한번 씩 안타까워도
악수하면 꽉 쥐어 내 손가락 힘 접히면
펄펄한 그 기운 그 음성 우정 느껴졌어

점심 만남엔 늘 나보다 비싼 메뉴 데려가고
다음엔 짱뚱어탕 가기로 약속했는데
마지막 일월 구일 만남 이후
자취 없는 나의 친구여

위 요한복음 11장 25 죽어도 산다는 말씀
생명 받들어 무릎 꿇고 맞은 영혼의 소천
하나님 차리신 영역, 천국영생을 기원 하오

싸움소

큰 가마솥의 고봉여물 위엄 있게 식사 하네
감히 곁에 다가가기 벅찬 동물원 코끼리 같은
우람한 풍채의 두목 같은 난해한 거물,

신축 년 소 해를 맞아 싸움소를 만나보네
전국 11개 지자체에서 소싸움이 열리고
경북도 청도대회장이 최신시설로 유명한데

2011년 개관한 일만 좌석의 돔구장
비 없는 지붕 구조에 주말마다 12경기
싸움소 24마리 출전
성대한 축제 열린다 하네

600kg-700kg-800kg-1톤, 3체급으로
나뉘어있고 각 지역경기 8강권 입상 위해
청도의 전국대회에 출전
자웅을 겨루는데

연중 칠십만 관중 입장 민속으로 즐기고
차정학(69)전속해설사의 밀쳐라 뿔 당겨라

우렁찬 추임새 해설,
넋을 뺏기고 온다 하네

50마리 소, 기른다는 농장주의 한마디
상금 출연료로 사료들 벅차지만 "소는
은혜를 반드시 갚는 동물입니다"
라는 말, 머리에 박혀오네

공항, 큰절하는 사람

인파들 향해 티브이 향해
엎드려 큰절 한다

수천 억 소유 재산에
최고 대학 교수였던 분,

저 사람 무얼 더 갖고 싶어
날 향해 무릎 꿇는 걸까?

새인봉 삼거리

하얀 눈 공중에서 춤을 추며 내려온다
겨울 내내 보고 싶다 갈증하며 기다리던 눈
하늘이 주시는 이월의 축제,
고마움 전하고 싶다

친근하고 장웅한 호남의 얼 무등산 찾아
높으신 우리 지붕은 어떤 색깔 형상일까
근래의 예 없는 얼굴 숙여
첫눈인사 드리고 싶다

땅과 나무 긴 도로들 겹겹의 서설 품고 섰다
허술한 오기 열 번 쯤은 엉덩방아 찧으며
'눈 덮인 새인봉' 세상 향해
알리고 싶었다

누이의 절규

천진한 아내에게 두 살의 아들 맡긴 채
죄명도 없이 붙들려간 옛날 무기수처럼
적막한 바닷물 속에 생을 묻은 해군 중사

어느 아침 찻길 무너져 양친 결별한 소년,
둘 철부지 동생 앞에 선택한 직업군인의 길
막 동생 학사 졸업에 흘린 눈물
저승 양친에 새겼는데

군 사고사 받아 든 가족들의 작별 식장
"그 아비 없는 팔자를 대물림 하냐?"는
넋 잃은 누이의 절규,
숨 끝에서 들었을까

그리운 눈[雪]

연말 지나 정월이 가도록 눈 뵈지 않네
누구는 첫눈을 틈새 봤다고도 하는데
정상의 시력인 내 눈엔
모습 본 적 없네

유식한 사람들은 뭐 지구 온난화라 하며
북극도 눈얼음 녹아 하얀 곰 죽어간다는데
티브이 동물왕국의 늑대들,
흰 눈으로 목욕을 하네

칠십 평생 이렇게 눈이 인색하긴 처음 같구나
오늘은 새벽 눈뜨며 창 커튼 먼저 열어보는데
하얀 눈 아닌 컴컴한 겨울비,
회색 벽을 더듬고 있네

누나

열세 살 누나가 얼른
동생 앞 가로막고 섰다
곤드레 취해 비틀거리며 귀가한 의붓아버지
무단히 아이들 남매 생트집
폭력하려 들었다

어머닌 야간일터 나가며 생활꾸리고
이혼한 아빠는 어느 곳 정착해 생 하는지
어른들 속사정 알지 못한 채
의탁아처럼 둘 살았다

어쩌다 몇백 원 생겨
동네 붕어빵집 가면
누나는 꼬리 먹으며 나에겐 위를 떼어줬다
붉은 팥 머리 부분에 많은 걸
그때 처음 알았다

어젠 누나 일하는 옷집,
나이 드신 주인 찾아와
내년 대학 합격하면 본인이 등록해줄 테니

도서관 꼭꼭 다니라며
하얀 봉투 주고 간다

정조대왕

뒤주 속 들어가는
"아버질 살려주세요"
어미 치마폭 안겨 울부짖던 소년,
아무도 아무 말 할 수 없는
무서운 아침이었다

금빛 휘황한 옷과 왕관을 쓴 한 사람
높디높은 그 자리 앉아 호령하는 한 사람,
아버진 왜 그 사람에게
그토록 밉보였을까?

칠월 뙤약볕 속 대못 박힌 뒤주 갇힌 채
아흐레 째 물 말라 죽은 내 아비 사도세자
열한 살 머리에 박힌
서러운 각인이다

핏빛 먹음은 왕관, 머리 얹자 찾은 양주 땅
잡초 덮인 묘지 앉아 뜬 눈 파묻히신
내 아비, 내손으로 양지 옮겨
모셔야지, 다짐한다

산(山)일은 팔자에 씐 사람이 한다 했든가
지관(박상희) 지명해 명소 찾아 십여 년
'수원'에 용복형(龍伏形) 터 잡아 이장,
'현릉원'이라 이름 짓고

몇 십 번 찾아 묘에서 혼절도 하며 1795년
동갑의 아비 어미(혜경궁) 회갑엔 팔일 행사 열어
묘원의 경내, 과거시험 펼쳐 61명을 급제시켰다

아비 묻힌 수원, '화성'이라 명명하고 동서남북
4개 성문에 3층 누각을 짓고 둘레가 5744m인
성벽을 축조하였고 재임중 궁궐이전도 검토하였다

배봉산 잡초 덮인 '수은묘'에 오열하던 세손,
즉위 20년 명당 '현릉원'에 아비 모신 '정조대왕',
오늘의 화려한 화성 능행차,
종일토록 지켜봤다.

실버건강타운

남구에 위치한 '빛고을 노인건강타운',
육십오 세 이상 남녀 몇 천 회원 이용하는
광주의 실버들에게 커다란 복지시설이다

헬스클럽 동 회원으로 며칠 전의 귀가길
셔틀버스 타고 가다 체육복 잊고 왔다며
첫 지점 하차 길 건너 버스에
뛰어 간 걸 봤었다

"며칠 전 옷 두고 왔다며 하차 되돌아갔잖아요?"
"예, 커피 자판기 위 그대로 있드라구요"
몇 사람 있는 마감시간, 기분 좋게 찾았습니다

인생에 노년 되면 욕심이 없어지는 걸까
기억 깜박 막혀 당황하는 건 가끔 보지만
소유물 도둑맞고 우는 얼굴, 긴 동안 본적 없다

요즘 뉴스, 도둑에게 강탈당하는 장면 보며
인생, 배반 저질러 삶 쫓기는 인간들에
야망도 물질도 없는 무욕열차
실버타운 초대하고 싶다

|해설|

일상의 정서와 생명성 탐구

-전학춘 시조시집『떨리면 그냥 떠세요』

강 경 호
(시인, 문학평론가)

1.

전학춘 시인의 이번 작품집의 가장 큰 특징은 '자유분방하다'라고 할 수 있다. 이는 내용과 형식, 모든 면에서 적용된다.

내용적인 면을 살펴보면 그의 시적 발화지점은 특별한 시적 상상력의 발현보다 일상에서 얻은 소소한 정서를 형상화시킨 지점이다. 그 중에서 우리가 가장 쉽게 접할 수 있는 텔레비전이나 신문의 뉴스, 연예프로그램을 보고, 읽은 후의 시인의 마음을 움직인 정서적 사건들을 형상화시킨 경우이다. 그리고 일상에서 만난 소소한 체험, 이를테면 쟈코메티의 작품전을 감상한 후, 블로그를 운영하면서 느낀 감정, 김대중 대통령 생가를 방문한 느낌 등 다양한 직간접적인 체험 후의 정서를 시조로 쓴 것이다.

일상에서 만나는 정서적 사건을 작품화한 경우와 더불어 이번 시집에서 큰 비중으로 모색한 시적 주제는 생명성에 관한 시인의 관심을 보여주는 시편들이다. 장애아이, 세월호 참사, 공항에 버려진 개, 사막화되고 있는 바다 등 다양한 생명성에 관한 시인의 관심이 눈길을 끈다.

이와 더불어 전학춘 시인의 이번 시집의 형식적인 측면에서의 특징은 그의 시조들이 매우 활달하다는 것이다. 전통적인 평시조에서는 대부분 3·4조의 정형성의 형식으로 인해 언어적 밀도가 높아 시적 긴장감이 있고 음률, 즉 리듬이 있기 마련이다. 그러나 그의 작품은 3·4조의 형식보다도 4음보의 형식을 구사하는 편인데 시조의 음률과 율격을 지키면서도 앞에서 밝힌 것처럼 '자유분방하다'고 말할 수 있다.

시조를 '시절단가음조(時節短歌音調)'라고 하는 것은 '그 시대를 노래한다'는 뜻이다. 그렇지만 우리문학사에서는 주로 내용면에서 전통성과 역사적인 측면에 치중된 감이 있다. 그러나 오늘날 시조는 본래의 정의처럼 우리의 삶속에서 일어나는 정서적 사건들을 시로 형상화시키는 쪽으로 기울어가고 있다. 이는 문학을 '현실을 반영한다'는 말에 힘을 실어주고 있어 바람직하다. 그러므로 모든 예술이 '인간의 삶을 그려낸다'는 문학의 본질과 맞닿아있다. 이러한 측면에서 전학춘 시조가 일상의 정서적인 사건들을 시조작품으로 형상화시키는 일은 그의 시가 관념을 뛰어넘어 매우 건강하다는 것을 말해 준다.

2.

앞에서 밝혔듯이 전학춘 시인의 시조집 『떨리면 그냥 떠세요』는 일상에서의 정서를 시조라는 형식에 담아낸 것들이 주류를 이룬다. 주지하다시피 문학적 소재는 인간의 삶의 모든 것들을 포함한다. 나날의 삶이 다 다를 수 있지만 대체로 하나의 패턴을 이룬다. 다람쥐쳇바퀴 같은 삶의 연속이지만, 내면을 내밀하게 살펴보면 조금씩 다르거나 전혀 다를 수 있다. 늘 같은 생각, 같은 느낌으로 만이 살아가는 것이 아니기 때문이다. 이러한 변화를 놓치지 않고 문학작품으로 만드는 것이, 시인이다. 그래서 시인의 머리에는 안테나가 꽂혀있다는 말을 하는 사람도 있다. 안테나는 보이지 않는 것을 포착하는 기제이다. 그런 까닭에 좋은 시는 남들이 보지 못하는 것을 본다는 측면에서 '발견'한다고 한다. 그러나 단순하게 상상력을 발현하는 것만으로는 좋은 시가 되지 않는다. 작품성을 높이기 위해서는 미학적인 아름다움을 작품에 투사시켜야 한다.

어찌보면 노년의 삶을 살고 있는 전학춘 시인에게 일상은 밋밋한 것일 수 있다. 격정적인 젊은 시절보다는 안식을 누리는 노후의 삶은 굴곡있는 생활이 아니기 때문이다. 이러한 삶을 살고 있는 전학춘에게 일상의 소소

함을 시인의 상상력과 만나 때로는 세월호 참사처럼 가슴아픈 이야기, 이와 대조적으로 야구경기에 열광하고, 작은 체구로 세계를 제패한 탁구선수에게서 초인적인 힘을 발견한다.

> …전략…
> 희미한 새벽 눈 안 떠지는 몸들, 배 요동치고
> 혼란 틈새에 어미 찾아 폰 뚜드린 내 딸아
> 물속에 끊긴 네 음성, 네 모습,
> 마지막이 너무 슬프드라
>
> 숙아! 사년세월 넘겨서 받은 너의 옷가지,
> 너무 적어 눈물 짜며 네 손바닥에 쥐어준
> 이만 원, 윗옷 안주머니에 그대로 있구나
>
> 그 앞에 치솟은 눈물 오늘껏 마르질 않네
> 처음의 바다여행, 가난한 어미 미워하며
> 제주도 가서 써야지…,
> 마른 침만 삼켰었니?
>
> -「이만 원」 중에서

세월호 침몰사건으로 온 국민이 슬픔에 빠져있던 사년이 지나 인양한 배에서 발견된 유품을 받은 어느 여학생 어머니의 심정을 그린 작품이다. 자식을 잃은 부모와 같은 감정이입을 갖으며 시적자아는 슬픔을 노래한다. 제주도 수학여행을 가면서 설레고 부푼 마음으로 승

선한 배가 비극적 운명으로 몰아갈 줄을 몰랐던 자식에게 가난하여 겨우 이만 원을 손에 쥐어주었는데, 사년만에 보는 자식의 윗옷 안주머니에 그대로 있는 것을 발견한 어머니의 마음을 공감하며 시적자아는 감정을 그대로 쏟아내고 있다. 시, 특히 정형시는 감정절제를 미덕으로 삼지만 시적자아는 솔직한 자신의 감정을 그대로 드러냄으로써 독자들과 함께하고 있다.

이 작품의 경우 설레이는 마음으로 제주행 여객선에 오른 부푼 감정에서부터 다급한 사정을 전하는 애끓는 마음을 전할 때의 심정의 과정과 이후 사년 후에 어머니에게 유류품이 전해지는 일련의 서사를 이끌어가는 데서 감정이입을 하고 감정을 노출하고 있다. 이와같이 때로는 감정의 과잉을 적당히 제어하며 세월호의 슬픔을 시인은 적고 있다. 평이하면서도 담담하게 끌고간 이야기가 독자들에게 슬픔을 고스란히 전하며 슬픔을 같이하고 있다.

위의 요즘 한창 유행하고 있는 방송국의 오디션에 많은 사람들이 열광하고 있다. 다음의 「뮤지컬」은 '뮤지컬 캐스팅'에 대한 시인의 느낌을 묘사한 작품이다.

> 두 젊은이 얼굴 맞보며
> 격렬한 대사 퍼붓는다
> 눈빛으로 목소리로 불 뿜는 캐릭터들
> 테레비 화면 처음 보는

'뮤지컬 캐스팅'이다

땀 흘려 토한 뮤직
'너무 가수다' 며 떨어지고
외국 곡, 밤 새워 손수
번역한 대본 외워 부르고
혼신의 연기 합격에
무릎 꿇어 절하는 젊음

외나무다리서 만난
철천지원수 숙명 같은
레미제라블, 장발장과 자베르경찰의 결투
피 말린 경쟁의 캐스팅,
역시 장발장이었다.

-「뮤지컬」 전문

앞에서 밝힌 것처럼 전학춘 시인의 이번 시집은 시조의 형식을 지키면서도 비교적 자유로운 형식으로 작품을 쓰고 있다. 즉 "일본 시가에서는 자수가 고정된 것이 정형시다. 일본의 경우가 그렇기 때문에 우리 시가에서도 자수가 고정된 것이 정형시이고 자수가 고정되지 않은 것은 불완전한 정형시이거나 정형시가 아니라고 하는 주장은 성립될 수 없다.(조동일 『한국시가의 전통과 율격』에서) 율격론을 받아들인 일본 시가의 경우와 우리 시조와는 엄격하게 말해 다름을 말하고 있다. 그만큼 우리 시조는 일본 시가에 비해 형식이 일정부분 탄력이 있다는 뜻이다. 이러한 주장이 전학춘의 시조에 대부분 적용되고 있다. 이렇듯 일본 시가와는 다른 우리의 시조, 특히 전학춘의 시조에서도 그 형식이 적용된다. 형식의 자유로움은 정서의 자유로움을 유발한다.

「뮤지컬」에서 '뮤지컬 캐스팅' 오디션에 출전한 한 젊은 청년의 삶을 시적자아는 들여다본다. 그 청년은 '너무 가수다'고 한 심사위원회 평가로 인해 오디션에서 떨어진 후 "번역한 대본 외워 부르고 / 혼신의 연기 합격에 / 무릎 꿇어 절"을 한다. 뮤지컬 1차 오디션을 통과하였으니 그 마음이 기쁘지 않으랴. 그런데 그것으로 합격한 것이 아니라 마치 "외나무다리서 만난 / 철천지 원수 숙명 같은 / 레미제라블, 장발장과 자베르경찰의 결투 / 피 말린 경쟁의 캐스팅, / 역시 장발장이었다." 끊임없는 대결에서 승리해야 오디션을 통과하는 뮤지컬 배우의 숙명을 그리고 있지만, 실상은 끊임없는 난관과 가시덤불 같은 세상을 헤치고 나가며 살아가는 인간의 운명을 뮤지컬 오디션을 통해 잘 그려내고 있다.

「MLB야구」에서는 "9회말" "2사 만루의 양키스"와 벌이는 경기에서 "수비 끝내기 야구"를 통해 승리하는 극적인 장면을 잘 묘사하고 있다. '22년 5월 5일 경기에서'라는 부제를 단 이 작품에서 회색 유니폼을 입은 선수가 방망이를 휘두르는 순간 "3루의 푸른 선수 공 잡아 잽싸게 던진다"는 식으로 경기를 실감나게 그려내고 있다. 뿐만아니라 "류현진, 2년 전 '토론토'로 옮겨온 이후 / '뉴욕양키스'와 벌이는 동부리그 극 관심인데 / 오늘은 9회 말, 공격 아닌 / 수비끝내기 야구를 본다"며 류현진 선수의 내력 또한 꿰고 있는 시인의 야구사랑이 느껴진다.

이처럼 평이하면서도 자연스럽게 작품을 이끌고 가는 시인의 작품운용방식이 매우 자유롭게 느껴진다.

이밖에도 「바다에 묻힌 아이 하나」는 시인의 여린 마음을 알게 해준다. 가난으로 자신의 조국에서 살 수 없어 지중해를 건너다가 "파도에 쫓긴 모래 자락 / 엎드려 누운 아이 하나"의 주검, 아직 네 살 밖에 안 된 슬픔 앞에 인간이 말하는 '선(善)'과 '악(惡)'의 경계에 대해 깊은 생각을 이끌어 낸다.

「공항에서 버려진」 에서는 주인이 키우다가 공항에다 버리고 주인은 "먼 나라 시간 좇으러" 떠나가자 "밤이면 음지에 쭈그려 앉아 우울증을 앓"는 두 살 된 개의 이야기는 생명 경시 풍조에 대한 따끔한 일침을 가하고 있다.

3.

이번 시집에서 전학춘 시인의 시의 또다른 축은 '생명성 탐구'이다. 전 지구적으로 몸살을 앓고 있는 '이상기후현상'으로 인한 생태계의 변화를 그린 작품들이 있다. '이상기후현상'은 인간의 탐욕에 의한 결과이므로 교환

적 가치가 지배하는 물질적 가치를 추구하는 인간들에게 강한 메시지를 보내고 있다. 그리고 모성성을 통해 생명을 지키려는 미혼모의 뜨거운 마음과 「공항에서 버려진」에서 보았듯 '애완동물'이 아닌 '반려동물'로서의 개에 대한 인간의 폭력 등 생명성을 추구하는 다양한 작품들을 통해 생명의 존엄을 노래하고 있다.

> 파도치는 겨울바닷가 웅크린 괭이갈매기
> 가슴팍 안겨있는 새끼 둘을 바라본다
> 힘없이 쳐다보는 표정, 수심 가득 춥다
>
> 남해안 30% 동해안 50%가 사막화라는데
> 어족자원 고갈시키는 싹쓸이 바다어업들
> 생태계 파괴하는 소리 낙뢰처럼 울리고
>
> 범람하는 쓰레기와 플라스틱들의 재앙
> 페트병 비닐봉투 뚜껑빨대의 폐부스러기들
> 인간들 퍼붓는 만행, 해조류들 슬프다
>
> '바다생물 파멸하는 환경오염을 차단하자'
> 몇 년 전 「앨버트로스에게」
> 졸시 쓰며 품은 약속
> 오늘의 바다 표어들 보며 양심이 불편하다
>
> -「바다가 사막이다」 전문

시인은 이 작품의 전경에 겨울바다에 웅크린 괭이갈

매기가 새끼 두 마리를 안고 있는 모습을 보여준다. 그런데 새끼를 바라보는 어미의 표정에 수심이 가득하다. 이 모습 뒤에 "남해안 30% 동해안 50%가 사막화라는데 / 어족자원 고갈시키는 싹쓸이 바다어업들"을 스크린처럼 보여준다. 이어서 비쳐진 화면은 "페트병 비닐봉투 뚜껑빨대의 폐부스러기들"을 "인간들 퍼붓는 만행" 때문이라고 규정한다. 그리고 "바다생물 파멸하는 환경오염을 차단하자"는 표어를 바라보는 시적자아의 양심이 불편하다고 고백한다.

첫 번째 보여준 화면에서 "파도치는 겨울바닷가 웅크린 괭이갈매기"와 그 괭이갈매기의 품에 안긴 새끼들이 위태롭다. 시의 전경에 이러한 모습을 비쳐줌으로써 독자들은 생명성에 대한 불안한 마음을 가질 수밖에 없다. 그리고 "어족자원 고갈시키는 싹쓸이 바다어업들"과 이어서 보여주는 "범람하는 쓰레기와 플라스틱들의 재앙"을 통해 인간중심적인 자본주의의 근대관을 여실히 깨닫게 한다.

다음 작품 「미혼모의 모성」은 아이를 낳아 버리기도 하고, 자신의 자식을 학대하여 죽음에 이르게 하는 수많은 뉴스를 접하고 있는 독자들에게 생명은 오직 사랑으로만이 지켜지는 존귀한 것이라는 메시지를 보낸다.

> 아기 낳으면 발로 밟아
> 길에 던져 버릴 거야…,

만삭의 딸 향해 퍼붓는 엄마의 고함소리
열아홉 물정 없는 아랫배
제 혼자 꾸물대는데

죄 없는 내 새끼
나 아니면 누가 지키랴
그동안 모은 기저귀와 분유들 챙겨들고
캄캄한 늦은 밤길을
혼자서 걷고 걸었다

낯선 의탁소 찾아
무거운 몸을 부렸다
추운 새벽 엄마 같은 원장 함께 딸 분만했다
"월세 방, 위해 한 부모지원비
꼬박 적금 붓고 있어요"

-「미혼모의 모성」 전문

전통적인 유교적 관념은 결혼하지 않은 여자가 임신하거나 아이 낳는 것을 엄격하게 금지해 왔다. 이러한 생각에 사로잡힌 미혼모의 엄마가 "아기 낳으면 발로 밟아 / 길에 던져 버릴 거야…,"라고 임신한 딸에게 말한다. 결혼하지 않은 딸이 임신한 것을 보고 있는 엄마의 마음을 우리는 다 안다. 전통적인 결혼관을 가진 어머니 세대는 여전히 결혼한 후에야 아이를 낳을 수 있다는 생각을 갖고 있다. 그러나 오늘날 세상은 많이 변했다. 어떤 연애인은 결혼하지 않았지만 이름도 얼굴도 모르는 남자의 정자를 기증받아 아이를 낳아 잘 기르고 있는 세상이기도 하다. 세상이 변하고 있다는 것은 생각의 변화 때문이다. 사랑하는 사람의 아이를 갖는 일은 어쩌면 인간만이 정해놓은 규칙인지 모른다. 그러나 세상이 변한 만큼 사랑하는 사람의 아이를 갖는 것이 윤리 · 도덕적으로 흠이 되는 시대는 아니라고 본다. 만삭의 딸에게 아이를 낳으면 발로 밟아 버리겠다는 엄마의 분노에 찬 소리를 들으면서도 "열아홉 물정 없는 아랫배 / 제 혼자 꾸물대"는 생명의 꿈틀거림을 느끼며 어린 임산부는 "그동안 모은 기저귀와 분유들 챙겨들고 / 캄캄한 늦은 밤길을 / 혼자서 걷고 걸었다" 그리고 "낯선 의탁소 찾아 / 무거운 몸을 부렸다" 마침내 딸을 분만하고 새생명을 위해 "월세 방, 위해 한 부모지원비 / 꼬박적금 붓고 있어요" 라고 말한다.

물질적 가치를 앞세우고 생명을 경시하는 세태에 이렇게 말하는 어린 모정은 얼마나 눈물겨운가.

「초등생 장애아이」는 선천적으로 안구가 형성이 안 된 아이는 자신의 건강을 지극히 염려하고 소망하는 마음이 깃든 뜨거움이 넘치는 작품이다.

선천적 안구가 형성 안 된
딸아이

지팡이 짚고 학교 다니며
동생과 웃는 명랑한 아이

엄마야! 나도 더 크면
눈을 잘 볼 수 있을까?

-「초등생 장애아이」 전문

오늘날 우리 주변에는 선천적이건 후천적이건 수많은 장애인들이 있다. 선천적인 기형으로 인해 건강한 몸을 갖지 못한 장애인도 있지만, 산업사회의 위험에 노출되어 장애를 갖게 된 사람들도 많이 있다. 여기에 한 가지 말을 덧붙이자면 장애인은 오늘 우리와 함께 행복을 누리고 인간답게 살아가야 할 길동무라는 것이다.

선천적으로 안구 형성이 안 된 어린 여자아이가 "지팡이 짚고 학교 다니며 / 동생과 웃는 명랑한" 정신이 건강한 아이여서 다행스럽다. 지팡이 짚고 학교 다니는 언니와 함께 웃는 동생 또한 마음이 따스해 보인다. 학교라는 사회에 나서서 주변으로부터 수많은 상처를 입을 수도 있는데 정신적으로 건강하게 자라는 시각장애인인 어린 아이가 "엄마야! 나도 더 크면 / 눈을 잘 볼 수 있을까?" 하는 지극히 당연하고 소박한 소망에서 한편으로는 아이가 안쓰럽고 한편으로는 '꼭 그렇게 되어야 할텐데' 하는 안타까움이 교차된다.

이밖에 생명성을 노래한 전학춘 시인의 작품으로는

「씩씩한 황구」에서 "쓰레기 야적장 비닐봉투 속 갇혀 신음하며" 겨우 생명을 유지하고 있는데 청소부였을까, 생명을 구해준다. "철사줄로 네 다리 칭칭 발목 묶여 누운 채 / 드러난 뼈 응급처치 해" 의족을 끼우고 생명을 다시 회복해 "땅 딛고 뛰뛰기" 하는 모습도 아름답다. "홍수에 흙탕물이 온통 마을을 뒤덮"어 "어미 개 백미터 강물 용감히 헤엄쳐" 새끼들을 구한 어미개(「생명사랑」)는 미물이지만 자신의 새끼에게 헌신적인 모성애를 보여주는 것이 우리의 마음을 움직인다.「앨버트로스에게」에서는 '앨버트로스'라는 새가 새끼들에게 먹이를 넣어주는 지극한 모성애를 보여준다. 그러나 '앨버트로스' 뿐만 아니라 수많은 생명체들이 인간의 문명에 의해 위험에 노출해 있다. "5조 넘는 플라스틱 조각들 바다에 떠"도는 것 뿐만 아니라 생명체들을 위협하는 수많은 "독극물"로 상징화 된 인류의 탐욕에 이들이 희생되고 있음을 인간에게 경고하고 있다.

이처럼 생명성을 보여주는 전학춘 시인의 생태학적 상상력은 오늘날 생명성에 관한 담론이 주춤하는 차제에 매우 값지고 의미있다 하겠다.